ÉPISODE

D'UN VOYAGE

Dans l'intérieur de l'Ile de Madagascar

Accompli dans les années 1862 et 1863

PAR H. CAPITAINE

Vice-Président de section de la Société de Géographie commerciale de Paris ; Directeur du journal l'*Exploration* ; Membre correspondant de la Société Havraise d'Études diverses.

HAVRE

IMPRIMERIE LEPELLETIER, RUE SÉRY, 47

1879

ÉPISODE

D'UN

Voyage dans l'intérieur de l'Ile de Madagascar

Accompli dans les années 1862 et 1863

ARRIVÉE A TAMATAVE DE L'AMBASSADE ENVOYÉE EN 1862 A MADAGASCAR PAR LE GOUVERNEMENT FRANÇAIS ; SON SÉJOUR DANS CETTE VILLE, ET SON DÉPART POUR L'INTÉRIEUR.

« Bon voyage, prompt retour, et surtout gardez-vous des fièvres ! » tels étaient les souhaits charitables quoique d'un assez triste augure que m'adressaient mes amis au débarcadère incommode de Saint-Denis, au moment de mon départ pour Madagascar. J'échangeai donc une dernière poignée de main, et quelques instants après notre canot accostait la frégate l'*Hermione*, mouillée à deux encâblures de la ville. Notre commandant, M. le capitaine de vaisseau Dupré, aujourd'hui vice-amiral, venait de recevoir sa nomination de ministre plénipotentiaire de France auprès de Sa Majesté Radama II, roi de Madagascar, et il avait choisi, pour l'accompagner dans cette importante mission, deux lieutenants de vaisseau, MM. de Watre et Lange de Ferrières, et un médecin de marine, votre très humble serviteur. La France, jalouse de faire valoir les droits qu'une occupation séculaire lui avait donnés sur Madagascar, s'était enfin décidée à envoyer une ambassade auprès du jeune roi Radama qui venait, depuis peu, de monter sur le trône, pour le décider, en échange de certains avantages spéciaux, à accepter le protectorat français. Aussi, dans ce but, le 3 août 1852 nous quittions l'île de la Réunion, et poussé par une bonne brise de Sud-Est, nous faisions route pour la ville de Tamatave située sur la côte Est de Madagascar et qui était encore le seul port malgache à peu près fréquenté par les navires européens.

Le 5 août, à trois heures de l'après-midi, après une rapide traversée, nous jetions l'ancre devant la petite rade mal fermée qui s'étend devant Tamatave. Cette rade est protégée par une ligne de bancs de sable et quelques récifs de coraux laissant entre eux plusieurs intervalles tortueux et difficiles qui servent de passes.

Une barque montée par des Ovas accoste le long du bord : un officier habillé tout-à-fait à l'européenne franchit la coupée et vient, au nom du gouverneur de la ville, présenter ses hommages à notre commandant. On convient du salut, et peu d'instants après, le pavillon blanc bordé de rouge se déployait au sommet du mât de misaine, salué par une salve de vingt-un coups de canon. Les forts de la ville répondent par un nombre égal de coups, et tout rentre dans le silence.

Du point où nous sommes mouillés, le paysage est peu attrayant : au premier plan, une plage de sable sur laquelle s'élève la ville, puis des brousses, quelques arbres encadrant le tout, et dans le lointain, fermant l'horizon, des montagnes en amphithéâtre dont les lignes sombres tranchent agréablement avec l'aspect brûlé de la côte. C'est dans ces montagnes que résident les Ovas, qui sont parvenus, après plusieurs siècles de luttes, à soumettre la presque totalité de l'île à leurs armes.

Nous consacrons la journée du 6 à visiter la ville, ce

qui n'est pas long, et à visiter les quelques traitants français qui y sont établis et dont l'existence est un défi perpétuel jeté aux fièvres extrêmement ténaces et violentes du pays. Au nombre de soixante à peu près, ils vivent en assez mauvaise intelligence entr'eux et avec les autorités locales. Ils concentrent en leurs mains tout le commerce extérieur des Ovas, leur servant de courtiers pour la vente des bœufs dont on embarque annuellement 20,000 têtes pour Maurice et la Réunion ; en échange, il leur fournissent des piastres, des cotonnades, des liqueurs et des uniformes, car les peuples sauvages ont pris des nations civilisées la maladie contagieuse du galon.

Tamatave, ou plus justement *Tomasina*, est bâtie sur le sable. Il renferme deux ou trois milliers de cases en paille, et quelques centaines en bois, ces dernières appartenant comme de raison aux riches. Il se divise en deux parties : le quartier Malgache, au bord de la mer où résident aussi les européens, et le quartier des Ovas, situé un peu en arrière, à proximité d'un fortin qui, au Nord, défend la ville. Chaque case, qu'elle soit construite en bois ou en feuille de *ravenala*, est entourée d'une palissade fermée plutôt contre les voleurs que contre les indiscrets, car le malgache ne cache rien et il pousse l'hospitalité envers les étrangers jusque dans ses dernières limites. D'après l'estimation des missionnaires, la ville renfermerait environ 12 à 15000 âmes, appartenant à tous les types de la race malgache qui viennent pour y trafiquer et louer leurs services aux traitants ou aux capitaines des navires qui mouillent sur rade. Tout ce monde-là habite, comme nous l'avons déjà dit, de misérables paillotes renfermant une pièce unique, sans fenêtre, mais aérée par deux portes toujours placées l'une en face de l'autre. Les cases des riches ne contiennent également qu'une seule pièce divisée en deux ou trois compartiments au moyen de cloisons peu élevées.

Tamatave étant situé par le 18me parallèle Sud, la

température y atteint fréquemment 36° à 38° c.; aussi, serait-il de la plus haute imprudence pour un blanc de sortir sans parasol, et le sable qui forme le sol devient quelquefois tellement brûlant qu'il est impossible d'y poser le pied.

Les maisons des traitants sont également très simples : exhaussées de deux pieds au-dessus du sol pour donner moins de prise à l'humidité pendant les pluies torrentielles de l'hivernage, elles se composent de deux pièces : un salon qui cumule les fonctions de fumoir et de salle à manger, et une chambre à coucher où se rencontre incontestablement une riche variété d'insectes incommodes, toujours répugnants quand ils ne sont pas dangereux, tels que cancrelats, scorpions et cent-pieds. Tout le luxe se reporte sur la table : les vins, les conserves d'Europe abondent, la cuisine même est recherchée, et ce n'est pas sans une certaine surprise que l'on s'assied à une table couverte d'une brillante argenterie et de cristaux étincelants. Malheureusement, à côté de ce luxe, il arrive souvent que les objets de première nécessité font défaut. Inutile d'ajouter que la vie y est désespérément monotone, et par une influence fatale provenant peut-être du climat, la mésintelligence la plus complète règne parmi la petite colonie européenne.

Nous rentrons à bord à 11 heures du soir après avoir passé une charmante journée : le ciel est d'une sérénité incroyable; la mer phosphorescente projette, sous le choc des avirons, des milliers d'étincelles; le calme le plus profond règne dans la nature dont le silence n'est troublé que par le cri de veille de nos matelots.

Le 7, à dix heures du matin, nous quittons le bord en grande tenue, et une fois débarqués, nous nous dirigeons vers la case du grand juge qui a été mise à la disposition de l'ambassade. Peu après arrive le gouverneur de la ville, Andrianmandrozo. Il est précédé par une centaine de soldats marchant à pas comptés sur deux rangs

comme dans les revues de cirque, puis par une musique
assourdissante où domine la grosse caisse et les cymba-
les. Enfin, derrière, apparaît Son Excellence vêtue d'un
habit rouge, couvert ou plutôt surchargé de broderies et
de dorures comme une châsse, avec des épaulettes de
général anglais ; son pantalon gros bleu, orné d'une large
ganse d'or, est maintenu en bas par des sous-pieds trop
courts ; sur son chef s'étale un claque qui a dû appartenir
à un suisse de cathédrale ; sa main gauche soutient son
sabre, vu l'absence complète de ceinturon pour remplir
cet office. Enfin autour de son torse s'enroule à longs
replis une ceinture cramoisie dont les deux glands d'or
qui en terminent les extrémités viennent se croiser par
devant et battent entre ses jambes grêles. Il entre en se
dandinant dans la salle où nous nous tenons, se découvre
d'un geste superbe, tend la main à M. Dupré, et l'assure
qu'il sera toujours son ami, et qu'il le considère comme
Napoléon sur la terre de Madagascar. Là dessus, il fait
apporter du champagne, et nous buvons à la santé de nos
souverains respectifs.

A quatre heures nous nous mettons en route pour
rendre au gouverneur sa visite. Un détachement de soldats et de musiciens nous précède. Les soldats vêtus
d'un pagne blanc portant de la main gauche un mauvais
fusil à pierre, et de la droite une sagaie, l'arme nationale
par excellence, et beaucoup plus redoutable. Quand ils
font halte, ils plantent leur sagaie en terre devant eux,
et ont alors les mains libres pour le maniement du fusil.
Ils ont des gibernes soutenues par des buffleteries blan-
ches, mais tout cet armement quasi-européen est
vieux et fané. Andrianmandrozo a sa résidence dans le
fort même de Tamatave, situé à dix minutes de marche
au nord de la ville, tout proche de la mer, dont il est
séparé par quelques brousses. Il se compose d'une première
palissade formant une sorte de chemin couvert ; celle-ci
dépassée, on se trouve en face d'une première enceinte
formée de remblais en terre, hauts d'une quarantaine de

pieds, et percés d'ouvertures assez larges correspondant aux embrasures de l'enceinte intérieure. On franchit donc successivement deux lignes de défense, après quoi on débouche dans une vaste cour où sont construites deux grandes cases qui constituent le palais du gouverneur. Ce dernier s'avance à quelques pas de nous, et nous convie d'une façon assez gracieuse à un lunch qui venait très à propos, vu que nous étions à jeun depuis 9 heures du matin. Le service était fait à l'européenne : il y avait des chaises, des couteaux, des fourchettes et même des assiettes de rechange ! Nous prîmes place : les mets préparés par les cuisiniers des traitants étaient très passables, et les vins de Bordeaux et de Champagne coulaient à flots, beaucoup trop, même. J'avais pour voisin de table un colonel Ova d'une figure avenante et qui entendait un peu le français et l'anglais. Il avait un habit bleu de roi avec des broderies superbes ; de grosses épaulettes à torsades surchargeaient ses épaules. Son claque bleu ciel et or, ombragé d'un immense panache jaune semblait le gêner beaucoup. Il finit cependant par le confier à un esclave qui prit avec tout le respect possible ce splendide couvre-chef. A la fin du repas, notre commandant ayant annoncé qu'il allait boire à la santé du roi Radama tout le monde se leva, un coup de canon retentit, les musiques écorchèrent l'hymne malgache, et nous bûmes à Sa Majesté. Au bout de quelques instants, le gouverneur, à son tour, porta un toast à l'Empereur de France : le même cérémonial fut observé, et après un nouveau coup de canon, nous vidâmes de rechef nos verres.

A cinq heures nous nous levâmes de table, et portés tous dans des tacc...... que nous offrirent nos hôtes, nous nous mîmes en marche dans l'ordre suivant : en tête, une centaine de soldats suivis des inévitables musiciens. Ensuite, venaient les états-majors Français et Ovas entremêlés dans une cordiale et expansive confusion, et enfin, derrière, fermant la marche, Andrianmandrozo et M. Dupré. Ce magnifique défilé qui aurait eu un succès fou à la Porte Saint-Martin avait bien un kilomètre de long. Une fois arrivés sur la plage, au moment où nous montons dans les canots qui nous attendaient pour regagner le bord, la garde Ova présente les armes et quinze coups de canon ébranlant l'air saluent notre embarquement.

Ayant fixé notre départ pour Tananarivo, la grande capitale des Ovas, au commencement de la seconde quinzaine du mois, nous employons tout notre temps à faire les préparatifs nécessaires pour mener à bien cette entreprise hérissée de difficultés physiques qui dépassaient, au dire des rares voyageurs qui l'ont entreprise, toute imagination. Nous devons emporter avec nous non seulement le nécessaire, mais encore beaucoup de superflu car devant séjourner plusieurs mois dans la capitale, nous serons obligés de tenir grand train de maison, relativement au pays, du moins. La difficulté principale dans un voyage de ce genre est de réunir un nombre suffisant de porteurs pour nous, notre personnel, nos provisions et nos bagages. La caravane comprendra au moins cinq cents hommes, composée toute entière d'indigènes, gens en général très doux, mais offrant une résistance passive à tout esprit d'ordre et de discipline : ils ne résistent pas, ils se dérobent. Ils répugnent à tout travail régulier pour lequel ils ont une invincible aversion.

Deux personnes sont adjointes à la mission : un négociant français de Tamatave, M. Soumagne, aujourd'hui encore vice-consul de France dans cette localité, et mademoiselle Juliette Fiche, dont la réputation a franchi les mers. Elle est fille d'un des principaux chefs de la tribu des Betanimena qui régnait en 1825 à Tamatave et qui après avoir opposé une énergique résistance à l'armée envahissante de Radama 1er, roi des Ovas, fut assassiné par les ordres de ce dernier. Après la mort de son père, on la conduisit à Bourbon où elle reçut une très bonne éducation. Inutile, par suite, d'ajouter qu'elle possédait admirablement notre langue, et même nos meilleurs auteurs. Douée d'une grande finesse d'esprit et d'une vivacité incroyable, elle avait de plus un excellent cœur, et jamais un français naufragé ne s'est en vain adressé à elle. Pendant toute la durée du règne de la farouche reine Ranavalona, mère du roi auquel nous allions porter les propositions de la France, elle fut tenue en disgrâce, et il lui était interdit de porter son titre de princesse. Mais le nouveau souverain, à la sollicitation de M. Laborde, notre consul général à Madagascar, lui avait rendu tous ses titres et dignités. Elle était destinée, pendant la durée du voyage, par sa parfaite connaissance des mœurs et des usages des pays que nous traversions, à nous rendre les plus grands services.

Le 14, nous assistons en grande pompe à une messe dite par le Père Juan, de la Compagnie de Jésus, et préfet apostolique de Madagascar, pour appeler sur nous la protection du Très-Haut dans notre périlleux voyage. La chapelle était bien petite, bien modeste, mais telle qu'elle était, bâtie sur cette terre sauvage, elle nous en paraissait bien plus touchante, et nous en étions tous profondément émus. Il y avait dans cette simplicité plus de grandeur réelle que dans nos cathédrales les plus richement décorées. Nous étions bien sous l'œil de Dieu, auquel nous nous adressions confiants et plein d'espoir.

Enfin le lendemain 15 août, tout étant prêt pour le départ, nous quittons le bord. Sur la plage, une centaine de soldats malgaches, musique en tête, nous attendent et nous font une réception des plus charivaresques. Nous montons dans nos tacons construits et installés pour un long voyage. Ce sont de grands fauteuils dont le fond est formé d'une épaisse toile à voile pour amortir les chocs que nous serons exposés à subir; de larges bras aplatis nous permettent de reposer nos mains, et un vaste dossier auquel nous adaptons un parasol nous donne l'apparence d'être sous un dais. Deux brancards solides, fixés sous les bras du fauteuil, sont saisis par quatre hommes, deux devant, deux derrière. Chaque tacon exige un équipage de seize hommes qui se relaient quatre par quatre. On donne vulgairement à ces malheureux le nom de marmites, et on les engage pour toute la durée du voyage à raison de trois piastres chacun, et quelques petites gratifications ou denrées quand ils ont fourni rapidement une longue étape ou qu'ils ont franchi à leur honneur un passage difficile.

Avant de quitter définitivement Tamatave, nous faisons au gouverneur une courte visite. Au moment où nous prenons congé de lui, l'artillerie du fort nous fait un dernier salut, et nous partons lestés de quelques verres de champagne qu'il a fallu absorber en l'honneur de nos augustes santés. Nous jetons un long regard sur notre belle frégate qui se balance sur la rade et qui représente pour nous la patrie absente, puis accompagnés par les chants doux et monotones de nos porteurs, nous nous dirigeons vers ces contrées de l'intérieur de l'île si peu connues alors, vers lesquelles tendaient toutes nos aspirations et que nous ne devions atteindre qu'après vingt longs jours de fatigues et au milieu des plus émouvantes péripéties.